JN439579

내 마음의 인명사전

내 마음의 인명사전

남궁경숙 시집

계간문예

내 가슴을 뛰게 하는 것들

색유리의 그림자에 열광했던 시절이 있었습니다. 전쟁이 끝나고 어려웠던 시절, 피난지 공주에서 입니다. 언덕 위의 성당은 색유리였고 해 질 무렵이면 고운 그림자를 조용히 마룻바닥에 내려놓았지요. 내겐 위로였고 사랑이었습니다. 그 기억은 지금도 가슴을 뛰게 합니다.

이집트 시나이산을 세번 올라 보았습니다. 아침 해돋이를 보기 위해서였지만 나의 가슴뜀은 해보다도 별들이었습니다. 어둠 속에서 쏟아질듯 반짝이던 별무리- 지금도 가슴 뛰게 합니다.

혼자 앉아 시를 짓는 일은 가슴 뛰게 하는 일입니다. 위로이며 힘입니다.

정형의 아름다움은 억압이 아닌 또 다른 신앙 같은 것, 겸손하게 합니다.

또 앞으로 내 가슴 뛰게 할 무언가를 기다립니다. 기다림의 시간을 함께할 사랑하는 그대—

차례

책머리에 005

제1부 길을 걷다

길을 걷다 · 1 012
길을 걷다 · 2 013
길을 걷다 · 3 014
길을 걷다 · 4 015
길을 걷다 · 5 016
길을 걷다 · 6 017
내 마음의 인명사전 018
남해일기 019
마테오레수도원에서 020
대칭법 021
연필을 깎다 022
겨울나무 024
태풍경보, 그 후 025
그대 詩人에게 026
윷놀이 027
마른 장마 028
해질녘 029

제2부 숲에서

숲에서 · 1 032
숲에서 · 2 033
숲에서 · 3 034
숲에서 · 4 035
숲에서 · 5 036
바보산수 037
문고리 038
빛 속에서 039
침묵 040
새에게 041
화분갈이 042
개망초 043
지금 통화 중 044
달맞이꽃 046
자화상 047
연과 나 048
우리 사는 일 049

제3부 순례기

순례기 · 1 052
순례기 · 2 053
샛강 · 1 054
샛강 · 2 055
들꽃 056
새집 057
5月 058
가을 059
내소사 아침풍경 060
다시 상원사 061
인사동 062
별 063
기차여행 064
소리, 그 어울림에 065
앙코르왓 066
그리움 067
참새와 나 068
차를 우리며 070

제4부 기다림

기다림 072
까이유끌로뎀 073
채송화 074
월정리 075
수련 · 1 076
수련 · 2 078
사하라 · 1 079
사하라 · 2 080
사순시기 081
어떤 부부 082
흐름에의 묵상 083
파도 084
입춘 즈음 085
고궁산책 086
겨울 일기 088
안개주의보 089
비 오는 날 090
바람이 내게 091

1
길을 걷다

길을 걷다 · 1

여기부터 시작이다
돌아보면 반칙이다

내가 나 낯선 날
강변으로 나를 불러
나와 나 함께 걷는다
그림자도 함께 간다

강물에 바람일면
물주름 펄럭이다
제 안에 품은 것들
모조리 토해내고

그래도
길 찾아 간다
탯줄처럼 흘러간다

길을 걷다 · 2

한참을 걷다보면 꽃길도 나오더라
소슬 바람 간질이는 그늘길도 나오더라
혼자서 그저 걷는 길
길이 있어 걷는 게다

어디로 가느냐고 누구에게 물어보랴
얼마만큼 왔느냐고 누구에게 물어보랴
걷다가 스쳐 가는 이
그도 묻고 싶을 게다

때로는 비탈길 곁눈질로 둘러본다
돌아가고 싶은 날 돌아갈 길을 찾아
한 걸음 쉬었다 간다
비탈길도 길이다

길을 걷다 · 3

털어내고
털어내고
쓸고
쓸고
쓸어내도
내 안의 먼지더미는
마냥 그저 쌓이는데
누구나 이러했을까
태초부터 이랬을까
별빛을 벗 삼아
태초의 산을 오른다
짐짝 같은 내 몸은
낙타에게 맡겨놓고
투정도 불평도 말자고
낙타에게 말을 건다

길을 걷다 · 4

정갈한 물 한 대접 소반에 받혀놓고
손 모아 기도하던 울 엄마 그때 모습
꽃 되어 벙그러지는 황홀한 약속이었다

어떻게 내 마음 물 한 대접 길어놓고
숨어 말 없는 저 소리를 들을 건가
가는 길 때론 낯설어 가끔씩 멈춰서고

제각각 이름 달고 앞서 간 길이란다
누구는 소풍 길 누구는 인연 길로
반쪽의 외로운 방황 빛 따라 걷고 있다

길을 걷다 · 5

죄인이라 고백하는 의인들도 있다하고
의인이라 고집하는 죄인들도 있다는데
그대는 무엇이라고 그대에게 고백하나

움켜잡고 이고 지고 곁눈질도 해가면서
놓아야 할 것들 잡아채고 사는 하루
나무에 매달려 도는 얼레 떠난 연과 같다

놓아라 날아보자 매듭은 풀어보자
조금씩 당기거라 그래야만 올라간다
숨 한 번 크게 내쉬고 하늘을 올려보자

길을 걷다 · 6

버릴 게 있었는데
버릴 게 있었는데
진흙처럼 끈적이며
달라붙는 그림자를
다독여 함께 걷는 길
나도 모를 낯선 길

혼자서 걸어가도
혼자가 아닌 듯한
여럿 속 손잡아도
다만 내가 혼자인 듯
걷다가 멈춰서 보면
다시 처음 그 자리

그래도 어느 날은
눈부신 햇살 한 줌
미풍에 돌아눕는
풀잎들과 벗을 하며
개울 물 골따라 흐르듯
그렇게 걷고 있다

내 마음의 인명사전

그대의 이름을 여기에 올립니다
가던 길 어디쯤서
만났던 그대 이름
갈피에 소중히 담아
또박또박 옮깁니다

걸음의 속도 달라
가쁜 숨 내쉴 때나
엉클어진 실타래
그 끝 몰라 뒤척일 때
나에게 다가와 주던
그대 이름 옮깁니다

언젠가 돌아가는 날
함께 챙길 인명사전
때로는 헛짐의 무게
그래도 귀한 인연
얼마를 더 옮길지
아직 나는 모릅니다

남해 일기

떠오르는 아침 해는 가슴으로 맞는 거다
온 가슴 붉도록
같이 타 오르는 거다
시작은 언제나 저런
눈 시린 황홀함

접을 건 접어두고 오늘 솟는 해가 되자
그림자 구석구석
키대로 추스르면
시린 날 시린 기억도
덥혀진다 중천의 해

노을로 지는 해는 눈 감아 보내주고
저녁 해 기인 그림자
노을 속 머물 즈음
맞잡은 우리 두 손도
저렇듯 해가 되리

마테오레 수도원에서

그리워함이 죄라면
언제나 나는 죄인

어느 날 갑자기 그리움에 목 타는 날
가만히 내가 나에게
넌 누구냐 묻습니다

들릴 듯 머언 대답
구름 따라 흐르는데
천 길 낭떨어지 바위 위에 남긴 흔적
오늘은 내가 여기서
무슨 답을 얻을까요

벗을 짐 많기도 해라
어차피 혼자인 길
가만히 꺼내 보고 다시 접는 그리움을
이제는 죄라 마소서
손에 잡힌 십자가

대칭법

내 딸도 저만 적엔
내 손 꼬옥 잡아 끌고
왼종일 재잘거림
하루 해는 동강났지
덤불 속 멍석딸기도
익을 날이 없었지

나 여기
너 거기가
내밀면 손 닿을 듯
때로는 실개천의 물살도 거세어서
몇 밤을 침묵 속에서
그저 침묵 속에서

연필을 깎다

이리저리 돌려가며
무뎌진 심 갈아낸다
행여 부러질라
결 따라 조심조심

깎을 것
연필뿐이랴
참 무딘 마음 갈피

깎아도 깎아도 날이 서지 않는 마음
보이는 것 눈 가리고 들리는 것 귀 막으며
날마다 깎고만 있다
그러다 난 상처 자국

언제쯤 홀가분히
모든 것 내려놓고
곁눈질 마다하며
마음자리 다독일까

한 마디
다시 한 마디
돌려 돌려 또 깎는다

겨울나무

때로는 침묵 속으로
침묵으로 나누는 말
가볍게 다 벗어버리고
제게 와서 기대란다
바람 속 겨울나무는
눈짓으로 오라한다

숨어버리고 싶은 날은
등 뒤로 숨으란다
누군들 울고 싶은 날
그런 날 없으랴
바람 속 겨울나무는
눈짓으로 오라한다

맨 얼굴 맨 살갗
혼자서 오라한다
사랑은 덧씌우기 없기
겨울나무 같은 것
아파도 말 하지 말고
제게로 오라한다

태풍경보, 그 후

그래도 아무 일 없이
풀포기는 무사했다
시리도록 눈부신
꽃술들도 제 자리에
흙더미 무게 눌려도
실뿌리는 번져갔다

고이는 분노 함성
찢기는 살 한 부분
모른 척 발광하던
숨 가쁜 회오리를
잠잠히 달래지 못해
목이 쉬어 울어댔다

무엇이 참이고
무엇이 거짓인지
말로는 어리석음
그냥 웃어 보낼 것들
숨 죽인 하루는 그 뿐
제 길 잡아 흘러갔다

그대 詩人에게

가슴 패는 아픔을
아직도 알 수 없어
그대 詩人에게
문안으로 여쭙니다

詩를 쓴다고요?
詩는 쓰는 게 아니잖아요
가슴이 젖는 그런 거 잖아요
한없는 죄스러움에 울고 싶은 날
눈 멀어 더듬더듬 그리움이 긴긴 날
가슴이 젖는 그런 거 잖아요
그렇게 젖어 우는 울음자욱이잖아요

언제쯤
그런 詩 하나
내게도 박힐까요?

윷놀이

이제부터 다시 가자 남은 말이 하나 있다
말판을 잘못 짚어 돌아돌아 힘들었다
가누어 높이 올려라 도도 좋고 모도 좋다

때로는 질러가고 때로는 업어가고
굽이굽이 돌아돌아 힘겨운 막판이다
이제는 달려야한다 갈기를 휘날리자

한 칸씩 한 칸씩 우리 길도 윷길이다
어디쯤 어떻게 길 잡아 가야할까
함성은 잠깐뿐이다 돌아서면 끝이다

마른 장마

비 없는 장마라니
낯선 이름
마른 장마

헛손질 헛웃음에
돌려앉은 시간 속을

그리움 깊은 자리만
바작바작 타고 있다

때로는 거기 네가
내게는 아주 멀어
군데군데 일그러진
물자리를 닮아간다

그래도 기다릴 거다
가슴 씻는 빗소리를……

해질녘

문고리 걸어 두긴
아직은 이른 시간

어둠이 낯이 설어
방마다 불을 켜면

가만히
내게 다가와
잡아주는 그리운 손

끝없는 출렁임
한나절 파도소리

처음도 끝도 모를
해안선 따라가던

발걸음
씻겨진 자리
저녁 해가 날고 있다

2
숲에서

숲에서 · 1

키 작은 떡갈나무는
위를 보지 않았다

나즉히 부는 바람
잎새 뒤에 숨겼다가

혼자서 느릿한 소리
제 노래를 불렀다

숲에서 · 2

가려진 것은 그대가 아니다
보지 못하는 내 눈의 어두움

하나씩 접어가며
숲길로 들어서라

조금씩 눈도 트이고
그대 소리 들리리

숲에서 · 3

내가 나이기를
덧칠 없는 나이기를……

바람의 뒷모습
쫓아가는 발걸음을
누군가 불러 세운다
손을 잡아 다독인다

숲에는 솔내음
그리운 살빛 내음
잡으면 다 이렇게
이어 풀릴 갈증인 걸

그늘 속
그림자 묻고
내가 나를 부른다

숲에서 · 4

숲의 나뭇잎은
덜어내며 살아간다

덜어내야 가벼운 걸
숲은 진작 알고 있다

청청한 소나무마저
솔방울을 덜어낸다

덤불 속 산딸기도
제 향기를 덜어내고

아래부터 차근차근
마른 잎도 덜어낸다

그리움 덜어내는 일
숲이 내게 알려 준 일

숲에서 · 5

하나가 나눠지면
각각의
하나
하나
반이거나 하나이거나
몫몫의
하나
하나
또다시 나뉘어져도
그대로
하나 하나

나뉘어진 하나들이
하나씩 이름 달고
금 긋고 울 두르고
제각각 키 자라서
되짚어 하나 되는 일
나무에서
숲으로

바보산수

순례자 그대에게
그리움은 병인 것을

숨 가쁜 오르막길
이 곳이 끝인 것을

그대여
바보 같은 그대여
그걸 알고 우셨던가

혼자 묻고 대답하기
그리고 침묵하기

오늘은 그대에게
사랑을 고백한다

청록은 바보 같은 색
그대 가슴 닮은 색

문고리

아무 일 없이
집으로 돌아가는 일
그것이 사랑이라고 그대 말했지

내 이름 부르는 너
네 이름 부르는 나
그대 있어 하루 삶이 사랑이라 말했지

가슴에 살아 불타는 불씨 한 점
이것이 사랑이라고 나도 따라 말했지

빛 속에서

고맙고 고마워라
참 고맙고 고마워라

울 엄마 손등 같은
초록이여 산하여

한 자락 눈부신 햇살
편안함의 안내자여

저기 저 어드메쯤
나를 보는 눈이 있다

만남도 그리움도
안개 속에 내려놓고

홀홀이 낯선 길 돌아
손짓하는 눈이 있다

침묵

— 아일란 쿠르디에게

머리에서 발끝까지 가슴 뛰는 두려움
빗물 되고 눈물 되어
쏟아지는 파도를
어떻게 혼자 온 게냐
헤쳐헤쳐 걸은 게냐

갑절로
또 갑절로
채워주고 싶다
이 갈증
오늘은 하나하나 비우는 연습이다

아일란
별이 되거나
어둠을 깨뜨려라

---

* 아일란쿠르디 - 터키 보드룸 해변에서 시신으로 발견된 시리아 난민 3살 꼬마

새에게

한 마리 낯선 새가
날갯짓 크게 하며
진흙탕 범벅이 된
풀섶을 기웃댄다

무엇을 찾아 온 게냐
행여 날개 젖을라

가고 싶다
흐르고 싶다
파도도 일구고 싶다

물 길 잠재우는
그런 날도 꿈꾸었다

제 갈 길 제가 모르고
강변 숲만 헤집는 새

화분갈이

다 쏟아놓고 뿌리부터 다듬기
얽히고설킨 실뿌리
남길 것만 남겨 놓기
앉을 곳 넉넉히 잡아
조심조심 눌러주기

가끔은 다 이렇게 자를 것 자르면서
숨쉬기 피 돌리기
줄기 세워 일으키기
상처 난 작은 곁가지
도움대도 세워주기

개망초

기릴 것 없는 빈 터
추억은 놓고 갔다

어디에나 지천인 꽃
왜 하필 유월이냐
내 엄마 땀 젖은 적삼
빛 바랜 개망초꽃

비우고 덜어내고
마지막 가시던 길

꽃빛보다 더 서럽던
손잡음의 기억이여

해마다 내게 오는 꽃
빛 바랜 개망초꽃

지금 통화 중

실핏줄 성근 자리
황톳길 한 모롱이
오늘은 모랫바람
눈앞이 흐려진다

통화 중
지금 통화 중
숫자판이 아른댄다

구순의 내 어머니
밤 길 걷듯 떨린 음성
보고 싶다 그 한 마디
무너지는 꽃잎더미
살빛은 꽃물이 들고
전화 줄은 살아 뛴다

탯줄을 타고 가듯
가느다란 떨림으로
나도 내 딸에게

보고 싶다 말을 하면
꽃잎에
꽃잎이 덮여
핏빛 고운 물이 든다

달맞이꽃

침묵에 빛이 있다면
너 비슷한 초저녁빛
빈 들에 바람 맞아도
흩어지지 않는 빛
그리움
홀로 새기는 빛
연노란빛
추억빛

자화상

절반은 내 것인데
절반은 낯이 설어
한참을 바라봐야
소리 없이 다가와서
아득한 물음표 하나
던져놓고 또 떠난다

닦이지 않은 저것
거울 속 내 모습
헝클어진 머리카락
찬물에 행궈대도
살아선 닿지 못할 곳
바람 되어 또 떠난다

연과 나

한참을 오르면서 나만을 보고 있음은
아직도 깨뜨리지 못한 나 그 가림 때문인 것을
세차게 바람을 타면서도 내 손 떠나지 못함은
아직도 전하지 못한 말 그 감김 때문인 것을
얼레에 말려 실을 잣듯 인연이란 실을 잣으며
당기고 밀쳐내는 일상은 바래진 종이연처럼
댓살에 떨고
매듭 없이 팽팽한 출발은 준비뿐일까
기웃대기도 하다가 내려쳐지기도 하다가
당기면 다시 오르는 저 의지를……

연 따라
하늘 한복판
나도 따라 오른다

우리 사는 일

꼿꼿이 풀 먹인 모시적삼 손질하듯
씨줄과 날줄 사이 숨어사는 손짓들을
조용히 들어올려서 한올 한올 당기는 일

거기 그 자리 똑같은 선이라도
어느 날은 당겨주고 그러다가 풀어주고
팽팽한 씨줄과 날줄 사이 북에 감겨 춤추는 일

피륙의 얽킴처럼 얽혀 사는 우리란다
어제의 씨줄 속에 오늘의 날줄을 대며
크지도 작지도 않은 올 하나씩 엮는 일

3
순례기

순례기 · 1

발끝에 차이는 게
돌 뿌린 줄 알았더니

하나씩 차이는 것
그건 모두 그리움

아무도 눈치 채지 못한
묻어둔
내 그리움

순례기 · 2

모세를 찾았지만
뒷모습만 보고 왔다

사십년 방황보다
더더 기인 방황의 길
오늘도 만나지 못했다
뒷모습만 보고 왔다

반역에 반항에 눈마저 침침해져
불기둥 구름기둥 모두 다 잊은 군중
그 속에 내가 보인다
초라한 저 그림자

샛강 · 1

어쩌다 제 길 잃고 샛길로 접어들어
이름조차 얻지 못해 샛강이라 불리느냐
흐름도 그저 놓친 듯 그림자만 잡고 있다

우리도 가끔씩 샛길로 접어들어
낯설어 이리저리 헤매인 적 없었던가
네 길도 물길이란다 더디간들 어떠냐

샛강 · 2

사랑은 생명이야 이렇게 읊조리면
사랑은 생명이야 똑같이 답을 하며
숨죽인 풀포기들도 한 뼘씩 키가 큰다

갯버들 엉겅퀴 개망초 쑥부쟁이
바람에 몸기대어 홀씨로 흩어져도
철되면 거기 그 자리
제 자리들 찾아온다

들꽃

눈 시린 때깔하며
손톱보다 작은 잎새

우리도 어쩌면
광야 속의 들꽃이다

어떻게 손 잡아 살까?
어떻게 견디어 살까?

새(鳥)집

빈 손도 맞잡으면
가슴으로 통하는 걸

말하지 않아도
조금은 알겠구나

간밤의 바람소리가
네 안에 담겨있다

잠시 손 놓음을
무엇이라 이름할까

뒤틀린 가지 사이
몸 기댄 둥우리에는

네 것도 내 것도 없다
바람만 담겨 있다

5月

저만큼 까투리 한 마리 알을 품는 모양이다
낯선 발소리에 깃털을 부풀리며
가만히 떠나달란다
눈빛으로 애원한다

밤 새 여문 송화가루
안개처럼 실려나고
한 줄기 떨리는 햇살
별빛처럼 쏟아진다
천천히 돌아 나온 길
살아있음에 감사를……

가을

대추나무 가지가지
햇살이 집을 짓고
열매를 동글린다
해처럼 동글린다
한참을 올려다보면
볼이 익어 나도 열매

물들면 다 그렇게
고루고루 익는 것들
오늘은 오늘 빛으로
향기를 담아내며
제각각 떠나갈 준비
나도 또한 떠날 준비

내소사 아침 풍경

댓돌 위의 흰 고무신
머언 길 떠나시려나 보다

숨어 놀던 바람들이
처마 끝에 모여 와서

가끔씩
풍경 흔들며
길 인사를 서두른다

길 떠날 스님은
아직도 잠잠인데

산 내음 찻잔 속엔
구름이 먼저 들고

어디쯤
개 짖는 소리
아침 안개 걷힌다

다시 상원사

때로는 내 그리움
절망보다 더 진해서
말로도 글로도
담아지지 않는 날
눈 감고 그 길을 간다
전나무 이어진 길

혼자서 가는 길
무던히 서툴러도
흙발에 땅그림자
눈물을 찔끔여도
한 번에 한 걸음씩만
서두르지 않고 간다

인사동

넘어짐도 일어섬도
모두 다 산자들 몫

빈 손에 바람처럼
모두가 떠난자리

그림자 그 모습 찾아
인사동을 걷는다

때로는 촉수 낮은
백열등 혼혼한 빛

때로는 섬광으로
가슴을 헤이는 빛

이 뒷날 뉘 발채임에
우리도 일어설까

별

— 전람회 그림

보이는 이 만큼의 크기로
들리는 이 만큼의 밝기로
별이 되고 싶었습니다
별이 되고 싶었습니다
가린 곳 하나 없는 별
내 속의 별 하나

문 틈을 비집고 나온 가슴 시린 푸르른 별
뜨는 별 지는 별이 나란히 걸려 있다
풋잠도 그냥 설치고 별이 되어 걸려 있다

기차 여행

한 생을 사는 일이
소풍이라 하셨던가

드문드문 간이역
타는 이
내리는 이
이것 다 인연이라고
외면 말라 하셨던가

서서히 내려앉은
초저녁 어스름

산비알 저 어디쯤
누군가 날 기다릴 것 같아

뒤돌아 보고 또 보고
지는 별을 마중한다

소리, 그 어울림에

— 빈 소년 합창단

어릴 적 바람 소리
아직도 살아있다

문풍지로 대신 울던
가느다란 떨림들이
빈 하늘 돌고 돌아서
내게로 다시 왔다

잠 설친 지난 밤도
바람소리 때문이다
그대는 무슨 생각
나는 네가 늘 그립다
비워야 아름답단 말
화해를 청해온다

앙코르왓

한 사람의 영화가 어제 있던 이 자리에
한 사람의 고담함이 그 위에 포개졌다
아무도 흔들리지 마라
삶이란 이런 것

그대 눈가의 살아 쉬는 미소며
땟국 절은 입성과 맨발의 걸음걸이
긍정도 부정도 아닌
경계선의 그리움

그리움

아직도 겨울 타는
내 몫의 기다림은

가슴이 그저 시려
창가를 서성이고

저 만큼 우체통 너머
아지랑이 아른대고

참새와 나

풀밭을 떼 지어 낮게 나는 참새떼

이쪽에서 저쪽으로
저쪽에서 이쪽으로

잠시도 쉬임 없이
쪼아대고 헤집는 새

그래도
금 긋고 돌아앉은 일은 없다

부리를 맞대고
서로 쪼아 대다가도

포르르 날아오르면
같이 따라 오르는 새

눈길도 주지 않는 참새떼와 노닌다

멈춰진 시간들을
부리로 쪼아가며

창 너머
저기 어디쯤
둥지 하나 틀고 싶다

차를 우리며

나는
아무래도
속물 벗긴 그른가보다

얼마를 우려내도
그 맛이
그 맛일 뿐

사는 맛
또한 이런 것
그맛 그맛 아닐까?

4
기다림

기다림

뒤돌아보지 않기
묻지 않고 앞만 보기

때 되면 내 자리
낡은 집은 고쳐 짓기

가는 길 말하지 않기
모두 다 끄덕이기

침묵하고
침묵하기
조용히 두 눈 감기

혼자서만 소리 내기
그리고 혼자 듣기

가는 길 멈추지 말기
낯선 길도 투정 않기

까미유 끌로델

고개 숙인 그리움이 어찌 너뿐이랴

쓸쓸히 돌아서는 법
기다림의 그 대목

자줏빛 조용한 손짓
나도 알고 있었다

채송화

마디 끝 그리움이
곁가지 추스른다

목마름 풀려나면
또 한 마디 북돋우고

거친 땅 베고 누워도
눈부신 꽃이 된다

잠깐의 하늘 보기
참으로 질긴 의욕

한동강 꺾어내어
박토에 꽂아놔도

손마디 하나쯤 깊이
제 뿌리 잡고 산다

월정리

구름 같은 개망초꽃
쓸쓸한 꽃그림자
겹겹의 철조망에
메아리만 걸려 있고
사위는 바람소리뿐
하늘 도는 송골매

'여기부터 더 가지 못함'
누가 붙인 푯말인가
멈춰진 기차에 올라
내달리고 싶어라
평화란 외침이 아닌
혈육들의 손잡음

수련 · 1

생전도 저런 마디
가늘디 가는 마디

무너졌다 일어서고
다시 또 무너지고

올곧은 꽃대에 얹혀
한자리 여기 그 자리

흘려 그냥 못 보낸 情
沼에 고여 꽃이 된다

구름도 같이 내려
꽃자리를 다독인다

이대로 멈춰진 시간
나도 여기 꽃이 되자

잔바람 불어오면

잔물결이 일어서서

물결이 무너질 때
고인 情도 무너진다

진흙 속 죄죄 씻은 꽃
눈 시린 수련이여

수련 · 2

차마 건드릴 수 없어
바람도 비켜갔다

잘 닦인 거울처럼
매끄러운 수면 위에

비워야 채워지는 법
설법이 시작된다

내가 있을 곳에
내가 있어야지

내가 있을 곳
네가 있어 어쩌겠나

어떻게 씻겨진 게냐
눈물보다 정결한 꽃

사하라 · 1

울음인 듯 바람 소리 몰려왔다 몰려간다

바람의 가는 길을 너는 알고 있었니?

그 시작 어디쯤인지 너는 알고 있었니?

무엇이 저리 목쉰 바람으로 울어댈까

가까이 오지도 않고 되돌리는 바람의 길

사하라

끝없는 광야

나

바람

아지랑이

사하라 · 2

내 안의 너그러움은 그대에게 돌려놓고
그대 안의 엄숙함은 나에게 물려놓고
가던 길 멈출 수 없어라
사막을 걷고 있다

발끝에 채이는 돌멩이도 인연이라
길어진 그림자 저것들도 내 모습
그대도 가슴 시리게
울어 본 적 있을 게다

떨치고 비우고 용서하고 용서받기
내 길 가면서도 언제나 낯선 길
언제쯤 낯익은 모습으로
내가 나를 손잡을까

사순시기

손끝의 가시라며 날고 뛰던 내 엄살을
조용히 눈 감고 하나 하나 지워본다
뒤돌아 핏빛 가시관 눌러 씌운 음모까지

그대는 왕이라고
나 또한 왕이라고
섣부른 자화자찬
그러다 돌아서서
내 짐을 네 짐에 얹은
부끄러운 고백까지

* 사순시기 : 부활 전 40일 동안을 말하며 예수님의 고난을 묵상하고 자신의 잘못을 참회하는 카톨릭 예절의 시기

어떤 부부

마주보고 웃고 있다
서로 닮은 모습이다

모자라지도 넘치지도 않는
저 편안한 미소

해 묵어 향기 깊어진
소나무 껍질 같다

흐름에의 묵상

강가에 누구 있어
자꾸 나를 불러댄다

모습은 하나여도
늘 다른 흔듦으로

낮은 곳
자리하면서
앞만 보고 가라한다

오늘도 강가에 서서
내가 그를 불러내어

서투른 하루살이
채이고 넘어진 일

굽 돌아
하나 되는 일
그 인내를 물어본다

파도

천천히 밀려와서
땅 끝 한 번 건드리고
오던 길 다시 돌아
제 곳으로 돌아간다
파도는 매양 그렇게
왔던 길로 돌아간다

철 없는 투정들은
물거품에 삭으리라
누 억년 별러 맺은
하늘 땅 인연들도
전설로 눈을 감는다
파도에 씻겨난다

입춘 즈음

보이는 것들에만 눈 돌리지 말 일
감아야 더 잘 뵈는
작은 손의 건드림들

침묵은
말 없음 아닌
가슴 저린 부르짖음

그리워하는 것이
사람만이 아니란다
나무도
들풀들도
마른 목을 곧추세워
한 조각
하늘빛 잡기
날마다 갈증이다

고궁 산책

타다 만 불씨 모아
횃불을 올리리라

녹슬어 서걱이는
빗장도 닦아내고

안으로 옹이진 침묵
물소리로 흘리리라

한 번은 다 이렇게
바람에 갇혔다가

점 하나 그 보다 작은
제 모습에 갇혔다가
문틈 새
햇살이 들 날
날갯짓을 기다렸다

반 비워 넉넉함을

그때는 몰랐었지

때로는 내 뒷모습
낯설어 외면하고

용틀임 승천 꿈꾸는
하룻밤이 짧았었지

겨울 일기

아무도 오지 않는
교회 마당 한 귀퉁이

아직 걷어내지 않은
초라한 구유 옆으로

심심해 손을 흔드는
마른 나무 그림자

외롭게 죽어간
시인의 조등마냥

은박종이 동방의 별
구유를 지킨다

바람에 떨어질 듯 매달려
세상을 지킨다

안개주의보

헤치고 기웃여도
보이지 않는 거리

더듬어 손 내밀어
이 안개를 걷고 싶다

여기가 어디쯤일까
눈짐작도 난감하다

때로는 잡힐 듯
스쳐가는 소리들

혼자서 둘이서
가끔은 여럿이서

언제쯤 안개 걷히고
내가 나를 바로 볼까

비 오는 날

머리만 가리우면 다 가려질 줄 알았지
유년의 비 오는 날 아주까리 잎새는
그래서 다 가려주는 우산인 줄 알았지

가끔씩 내려치는 빗줄기 어찌하랴
때로는 온몸 다 젖고 가슴까지 젖는 날
가려 줄 우산이 없어 하늘만 탓하던 날

해 나면 비 그립고 비 오면 해 그립듯
바람 앞 풀잎처럼 넘어졌다 일어섰다
그렇게 사는 거라고 빗줄기가 일러준다

바람이 내게

어디에도
묶이지 마라
들은 척도 하지 마라

누군들 그리움 없으랴
모두가 그리운 날

빈 하늘
하늘 한복판
거기 너를 그려 보라

후기

나
내 안의 나
서로 다른 내가 나에게 말을 겁니다.
그리움의 말, 기다림의 말, 위로와 감사의 말을 건네기도 합니다.

첫 시집 책머리에 나는 이런 말을 썼습니다.
'문학이란 이 작업, 특히나 시를 짓는 이 작업은 하느님께로부터 덤으로 받은 선물이니 서두르지 않겠다……' 고.

그런데 게으름이 되었습니다.
많은 시간 흘러 여기저기 흩어져 있는 몇 편을 한 곳에 모아 봅니다.
시조라는 틀 속의 나의 언어가 아직은 서툴고 미숙하지만 내가 나를 다독이는 귀한 선물임이 분명합니다.
나를 지켜주시는 하느님께 그리고 내 안의 모든 분들께 고맙고 감사하다는 말씀 전합니다.

남궁경숙 시집_ 내 마음의 인명사전

초판 인쇄 | 2016년 2월 25일

초판 발행 | 2016년 3월 05일

지 은 이 | 남궁경숙

회　　장 | 서정환

발 행 인 | 정종명

편집주간 | 차윤옥

펴낸곳 | 도서출판 계간문예

주소 | 03131 서울 종로구 삼일대로 32길 36 운현신화타워 305호

편집부 | 03132 서울 종로구 삼일대로 30길 21 종로오피스텔 808호

전화 | 02-3675-5633, 070-8806-4052

팩스 | 02-766-4052

이메일 | munin5633@naver.com

등록 | 2005년 3월 9일 제300-2005-34호

ISBN 978-89-6554-139-4 04810

ISBN 978-89-6554-118-9 (세트)

값 10,000원

잘못 만들어진 책은 바꾸어 드립니다.

〈이 도서의 국립중앙도서관 출판시도서목록(CIP)은 서지정보유통지원시스템 홈페이지(http://seoji.nl.go.kr)와 국가자료공동목록시스템(http://www.nl.go.kr/kolisnet)에서 이용하실 수 있습니다.(CIP제어번호: CIP2016004297)〉